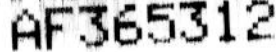

www.ingramcontent.com/pod-product-compliance
Lightning Source LLC
LaVergne TN
LVHW051125180726
843512LV00012B/931

ٱلْحَمْدُ لِلَّهِ ٱلَّذِي بِنِعْمَتِهِ تَتِمُّ ٱلصَّالِحَاتُ.

أَمِرُّ قَلَمِي عَلَى الْكَلِمَاتِ

عَيْنٌ عَيْنٌ عَيْنٌ عَيْنٌ

عَيْنًا عَيْنًا عَيْنًا عَيْنًا

عَيْنٍ عَيْنٍ عَيْنٍ عَيْنٍ

ظُفْرٌ ظُفْرٌ ظُفْرٌ ظُفْرٌ

ظُفْرًا ظُفْرًا ظُفْرًا ظُفْرًا

ظُفْرٍ ظُفْرٍ ظُفْرٍ ظُفْرٍ

ظُهْ ظُتْ ظُكْ ظُلْ ظُمْ ظُسْ
ظُفْ ظُنْ ظُبْ ظُيْ
رَ رِ رُ رَا رِي رُو
رَا رِ رُ أَرْ
ظُفْرُ ← ظُفْرُ ← ظُفْرُ

عَهْ عَتْ عَكْ عَلْ عَمْ عَسْ
عَفْ عَنْ عَبْ عَيْ
نَ نِ نْ نَا نِي نُو
نَّا نِّ نّْ أَنْ
عَيْنّْ ← عَيْن ← عَيْنّْ
عَيْن

أَمِرُّ قَلَمِي عَلَى الْكَلِمَاتِ

يَلْبَسُ يَلْبَسُ يَلْبَسُ يَلْبَسُ

يَلْبَسُ يَلْبَسُ يَلْبَسُ يَلْبَسُ

يَلْبَسُ يَلْبَسُ يَلْبَسُ يَلْبَسُ

خَوْخٌ خَوْخٌ خَوْخٌ خَوْخٌ

خَوْخًا خَوْخًا خَوْخًا خَوْخًا

خَوْخٍ خَوْخٍ خَوْخٍ خَوْخٍ

خَلْ خَبْ خَسْ	خَة خَفْ خَكْ
خَوْ	خَذْ خَنْ خَمْ
خَا خِي خُو	خَ خِ خُ
أَخْ	خَا خِ خْ

خَوْخ ← خَوْخ ← خَوْخ

يَلْ يَمْ يَسْ	يَهْ يَتْ يُكْ
يَيْ	يَفْ يَنْ يَبْ
بَا بِي بُو	بَ بِ بُ
أَبْ	بًا بٍ بٌ
سَا سِي سُو	سَ سِ سُ
أَسْ	سًا سٍ سٌ

يَلْبَسُ ⟵ يَلْبَسُ ⟵ يَلْ بْ سْ

يَلْبَسُ

فُسْتَان

نَمْلَة

نَلْ نَمْ نَسْ	نَهْ نَتْ نَكْ
نَيْ	نَفْ نَنْ نَبْ
لَا لِي لُو	لَ لِ لُ
أَلْ	لَا لِ لُ
تَا تِي تُو	تَ تِ تُ
أَتْ	تَا تِ ةْ

نَمْلَة ← نَمْلَة ← نَمْ لَ ة

فُلْ فُمْ فُسْ	فُهْ فُتْ فُكْ
فِيْ	فُفْ فُنْ فُبْ

تَا تِي تُو	تَ تِ تُ
أَتْ	تَا تْ ةِ

نَا نِي نُو	نَ نِ نُ
أَنْ	نَا نْ نْ

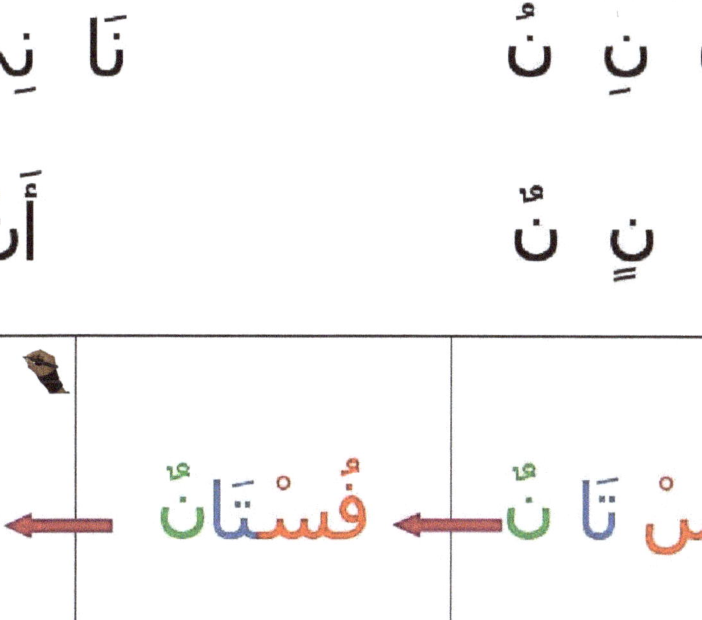

زُبْدَة

زُبْدَة

زُبْدَة

جَبْهَة

جَبْهَة

جَبْهَة

جَلْ جَبْ جَسْ	جَمْ جَتْ جَكْ
جَوْ	جَفْ جَنْ جَهْ
هَا هِي هُو	هَـ هِـ هُـ
أَهْ	هَا ﻪ ة
تَا تِي تُو	تَ تِ تُ
أَتْ	تَا تِ ة

جَبْ هَـ ة ← جَبْهَة ← جَبْهَة

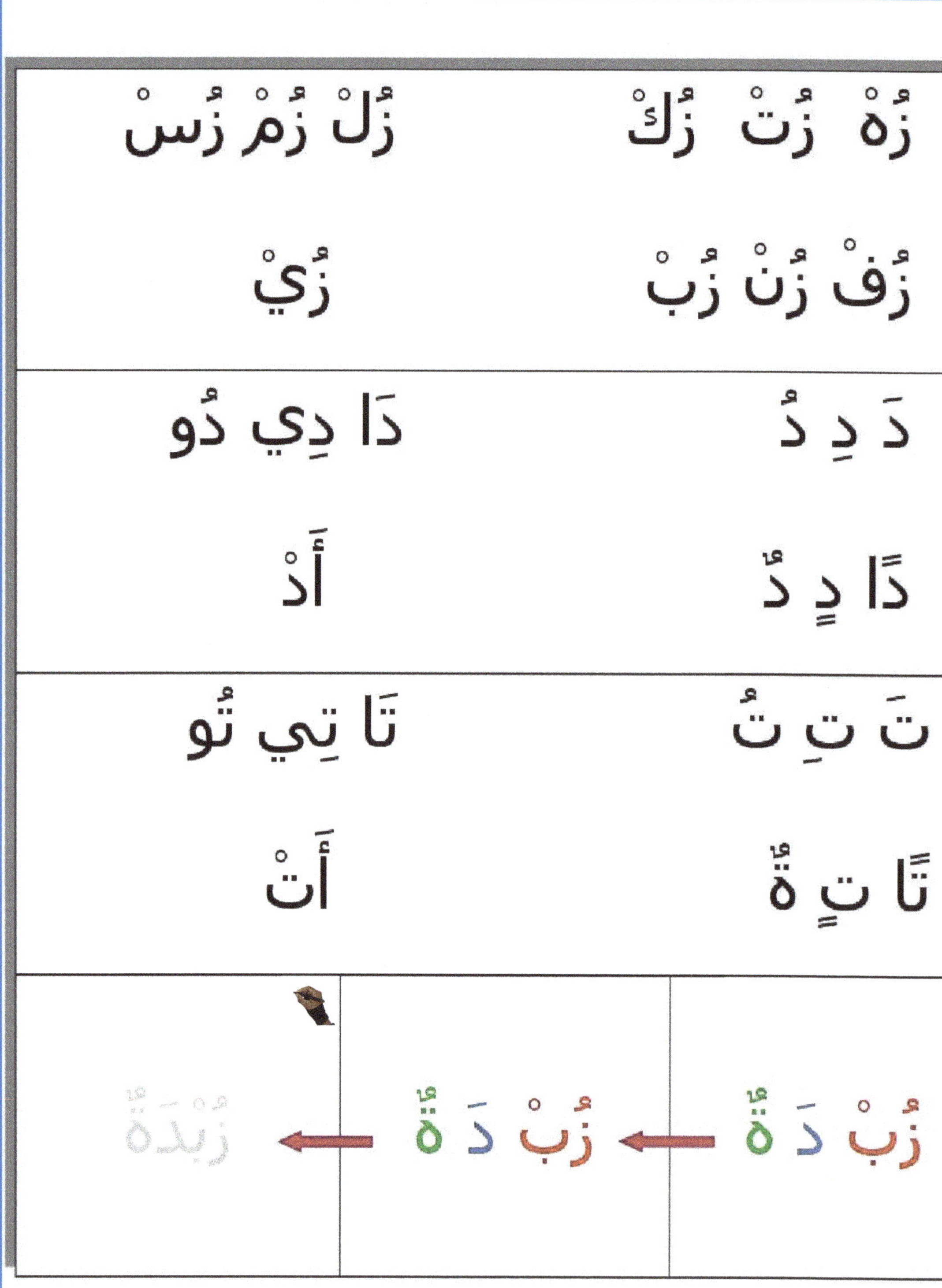

زُهْ زُتْ زُكْ
زُلْ زُمْ زُسْ
زُفْ زُنْ زُبْ
زُيْ
دَ دِ دُ
دَا دِي دُو
دًا دٍ دٌ
أَدْ
تَ تِ تُ
تَا تِي تُو
تًا تٍ ةً
أَتْ
زُبْ دَةً ← زُبْ دَةً ←
زُبْدَةٌ

شَمْسٌ شَمْسٌ شَمْسٌ

شَمْسًا شَمْسًا شَمْسًا

شَمْسٍ شَمْسٍ شَمْسٍ

دَبْدُوبٌ دَبْدُوبٌ دَبْدُوبٌ

دَبْدُوبًا دَبْدُوبًا دَبْدُوبًا

دَبْدُوبٍ دَبْدُوبٍ دَبْدُوبٍ

دَلْ دَمْ دَسْ	دَبْ دَتْ دَكْ
دَوْ	دَفْ دَنْ دَهْ
دَا دِي دُو	دَ دِ دُ
أَدْ	دَّا دِّ دُّ
بَا بِي بُو	بَ بِ بُ
أَبْ	بَّا بِّ بْ

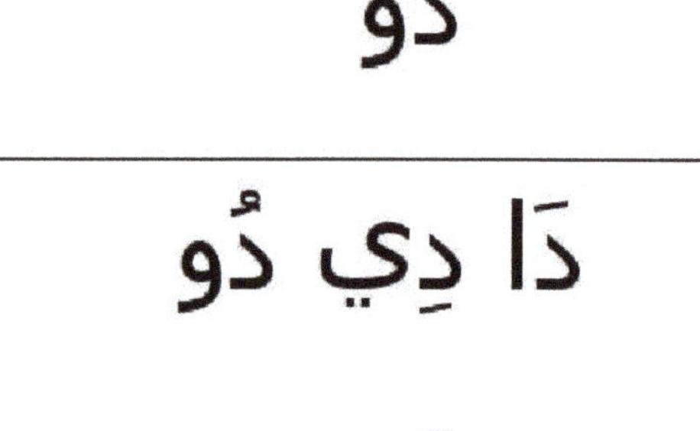

دِبْدُوب ← دَبْدُوب ←	دَبْ دُوْ بْ	

شَلْ شَبْ شَرْ	شَهْ شَفْ شَكْ
شَوْ	شَدْ شَنْ شَمْ
سَا سِي سُو	سَ سِ سُ
أسْ	سَّا سِّ سّ

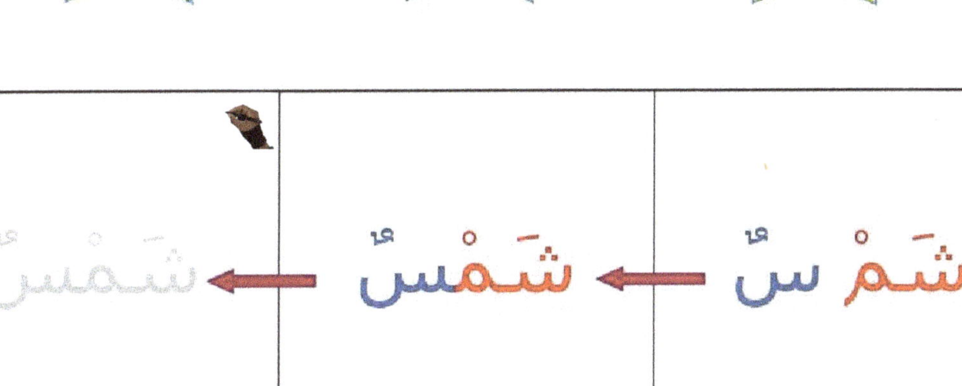

أَظْفَارٌ   أَظْفَارٌ   أَظْفَارٌ

أَظْفَارًا   أَظْفَارًا   أَظْفَارًا

أَظْفَارٍ   أَظْفَارٍ   أَظْفَارٍ

ضَفِيرَةٌ   ضَفِيرَةٌ   ضَفِيرَةٌ

ضَفِيرَةً   ضَفِيرَةً   ضَفِيرَةً

ضَفِيرَةٍ   ضَفِيرَةٍ   ضَفِيرَةٍ

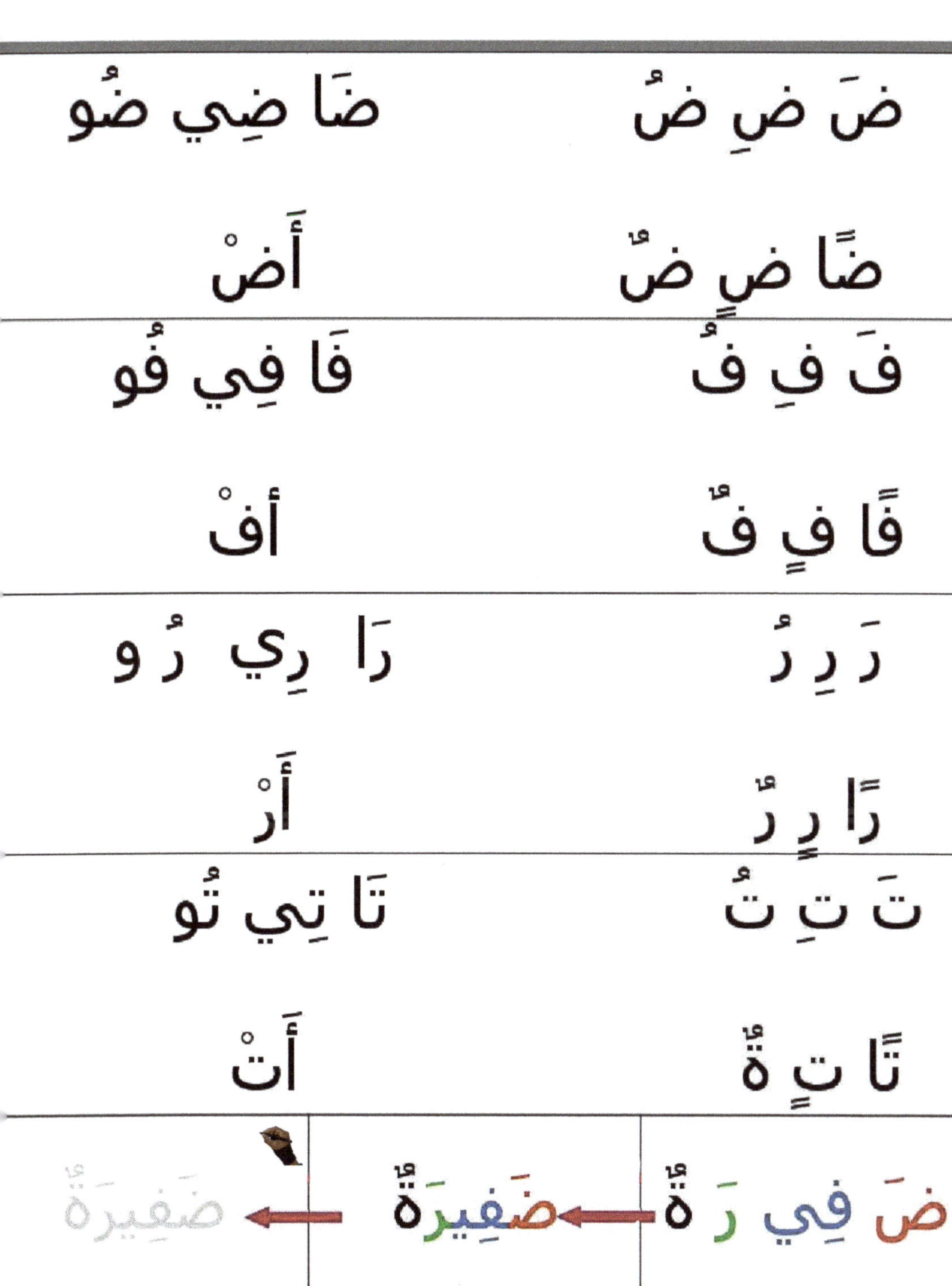

ضَ ضِ ضُ
ضَا ضِي ضُو
ضًّا ضٍّ ضٌّ
أَضْ
فَ فِ فُ
فَا فِي فُو
فًا فٍ فٌ
أَفْ
رَ رِ رُ
رَا رِي رُو
رًا رٍ رٌ
أَرْ
تَ تِ تُ
تَا تِي تُو
تًا تٍ ةٌ
أَتْ
ضَ فِ رَ ةٌ
ضَفِيرَةٌ
ضَفِيرَةٌ

ظَ ظِ ظُ
ظَا ظِي ظُو
ظًا ظٍ ظٌ
أَظْ

فَ فِ فُ
فَا فِي فُو
فًا فٍ فٌ
أُفْ

رَ رِ رُ
رَا رِي رُو
رًا رٍ رٌ
أَرْ

أَظْفَارٌ ⟵ أَظْفَارٌ ⟵ أَظْ فَا رٌ
أَظْفَارٌ

صَلَاة صَلَاة صَلَاة صَلَاة

صَلَاة صَلَاة صَلَاة صَلَاة

صَلَاة صَلَاة صَلَاة صَلَاة

عِنَبٌ عِنَبٌ عِنَبٌ عِنَبٌ

عِنَبًا عِنَبًا عِنَبًا عِنَبًا

عِنَبٍ عِنَبٍ عِنَبٍ عِنَبٍ

عَا عِي عُو	عَ عِ عُ
أَعْ	عَا عِ عُ
نَا نِي نُو	نَ نِ نُ
أَنْ	نَا نِ نُ
بَا بِي بُو	بَ بِ بُ
أَبْ	بَا بِ بُ

عِنْب	عِنَب ←	عَ نْ بُ

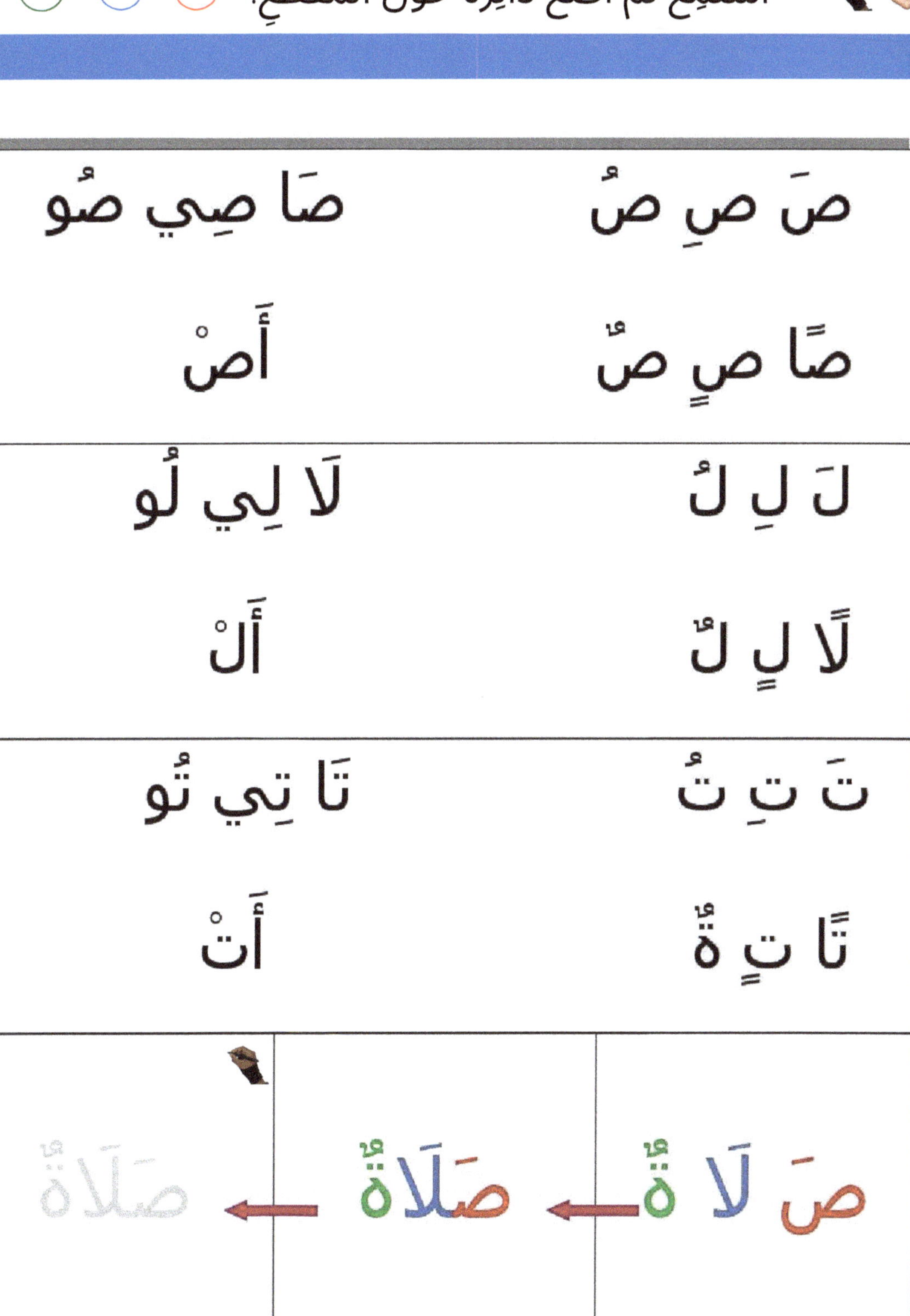

صَ صِ صُ
صَا صِي صُو
صَا صِ صُ
أَصْ

لَ لِ لُ
لَا لِي لُو
لَّا لِ لُّ
أَلْ

تَ تِ تُ
تَا تِي تُو
تَّا تِ ةِ
أَتْ

صَ لَا ةِّ ← صَلَاةِّ ← صَلَاةِّ

حَاجِبٌ حَاجِبٌ حَاجِبٌ حَاجِبٌ

حَاجِبًا حَاجِبًا حَاجِبًا حَاجِبًا

حَاجِبٍ حَاجِبٍ حَاجِبٍ حَاجِبٍ

رَجُلٌ رَجُلٌ رَجُلٌ رَجُلٌ

رَجُلًا رَجُلًا رَجُلًا رَجُلًا

رَجُلٍ رَجُلٍ رَجُلٍ رَجُلٍ

رَا رِي رُو	رَ رِ رُ
أَرْ	رَا رِ رْ
جَا جِي جُو	جَ جِ جُ
أَجْ	جَا جِ جْ
لَا لِي لُو	لَ لِ لُ
أَلْ	لَا لِ لْ

رَ جُ لْ	رَ جُلْ	رَجُلْ

حَا حِي حُو	خَ حِ حُّ
أَحْ	حَّا حِ حُّ
جَا جِي جُو	جَ جِ جُّ
أَجْ	جَّا جِ جُّ
بَا بِي بُو	بَ بِ بُّ
أَبْ	بَّا بِ بُّ

حَاجِبٌ	حَاجِبٌ ← حَاجِبٌ ← حَاجِبٌ

صَابُونٌ   صَابُونٌ   صَابُونٌ

صَابُونًا   صَابُونًا   صَابُونًا

صَابُونٍ   صَابُونٍ   صَابُونٍ

قَلَمٌ   قَلَمٌ   قَلَمٌ   قَلَمٌ

قَلَمًا   قَلَمًا   قَلَمًا   قَلَمًا

قَلَمٍ   قَلَمٍ   قَلَمٍ   قَلَمٍ

قَ قِ قُ
قَا قِي قُو
قَا قِ قُ
أَقْ
لَ لِ لُ
لَا لِي لُو
لَا لِ لُ
أَلْ
مَ مِ مُ
مَا مِي مُو
مَا مِ مُ
أَمْ
قَ لَ مُ — قَلَمُ
قَلَمُ

صَا صِي صُو	صَ صِ صُ
أَصْ	صَّا صِ صْ
بَا بِي بُو	بَ بِ بُ
أَبْ	بَّا بِ بْ
نَا نِي نُو	نَ نِ نُ
أَنْ	نَّا نِ نْ

صَابُونْ ← صَابُونْ ← صَابُونْ

ثِيَابٌ ثِيَابٌ ثِيَابٌ ثِيَابٌ

ثِيَابًا ثِيَابًا ثِيَابًا ثِيَابًا

ثِيَابٍ ثِيَابٍ ثِيَابٍ ثِيَابٍ

طَاوِلَةٌ طَاوِلَةٌ طَاوِلَةٌ طَاوِلَةٌ

طَاوِلَةً طَاوِلَةً طَاوِلَةً طَاوِلَةً

طَاوِلَةٍ طَاوِلَةٍ طَاوِلَةٍ طَاوِلَةٍ

طَا طِي طُو	طَ طِ طُ
أَطْ	طَا طِ طُ
وَا وِي وُو	وَ وِ وُ
أَوْ	وَا وِ وُ
لَا لِي لُو	لَ لِ لُ
أَلْ	لَا لِ لُ
تَا تِي تُو	تَ تِ تُ
أَتْ	تَا تِ ةُ

طَا وَ لَ ةُ ← طَاوِلَة ← طَاوِلَة

تَخَافُ تَخَافُ تَخَافُ

تَخَافُ تَخَافُ تَخَافُ

تَخَفْ تَخَفْ تَخَفْ

ذُبَابٌ ذُبَابٌ ذُبَابٌ

ذُبَابًا ذُبَابًا ذُبَابًا

ذُبَابٌ ذُبَابٌ ذُبَابٌ

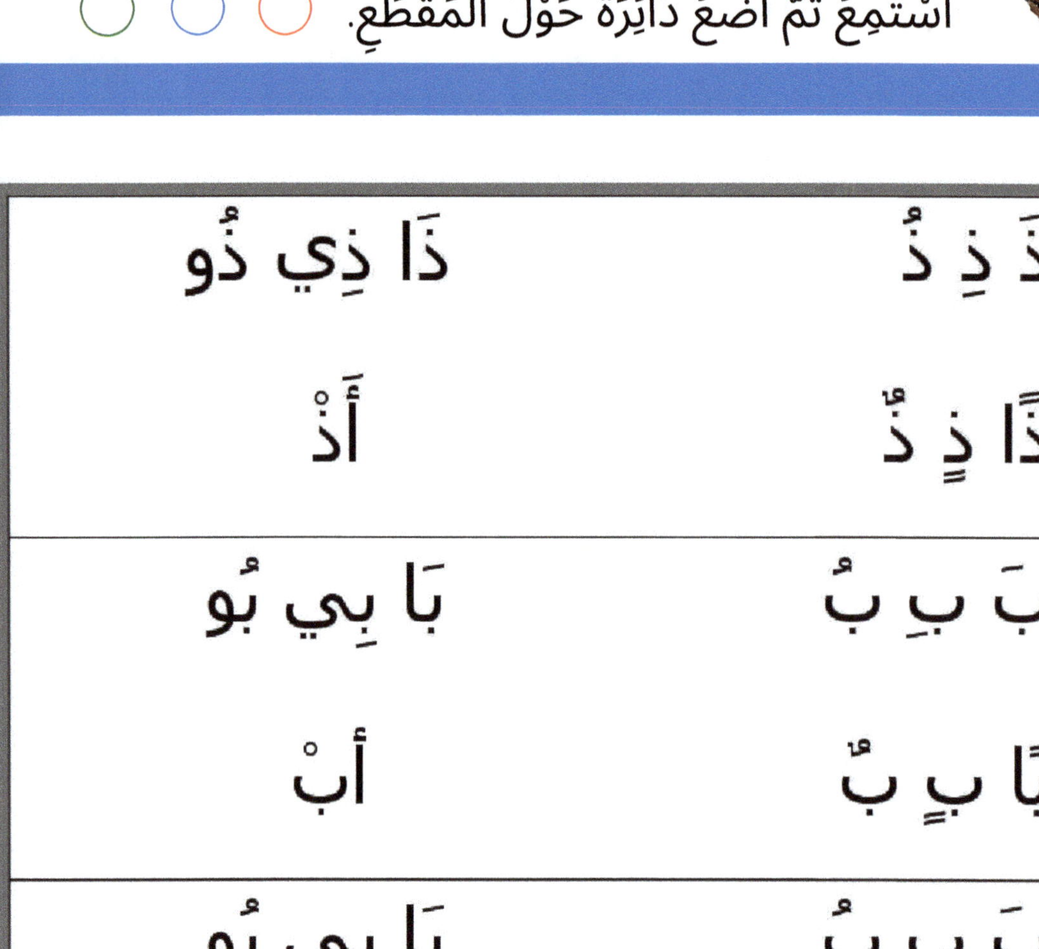

ذَا ذِي ذُو	أَذْ	ذَ ذِ ذُ
		ذَّا ذِّ ذُّ
بَا بِي بُو	أَبْ	بَ بِ بُ
		بَّا بِّ بّْ
بَا بِي بُو	أَبْ	بَ بِ بُ
		بَّا بِّ بّْ

ذُبَابٌ ← ذُبَابٌ ← ذُ بَا بٌ   ذُبَابٌ

تَا تِي تُو	تَ تِ تُ
أَتْ	تَّا تٍ تًّ
خَا خِي خُو	خَ خِ خُ
أَخْ	خَّا خٍ خًّ
فَا فِي فُو	فَ فِ فُ
أَفْ	فَّا فٍ فًّ

تَخَافُ ← تَخَافُ	تَ خَا فُ ← تَخَافُ

غَابَةٌ

غَابَةً

غَابَةٍ

تَخَافُ

تَخَافَ

تَخَفْ

تَا تِي تُو	تَ تِ تُ
أَتْ	تَّا تٍ تٌّ
خَا خِي خُو	خَ خِ خُ
أَخْ	خَّا خٍ خّْ
فَا فِي فُو	فَ فِ فُ
أَفْ	فَّا فٍ فّْ

تَ خَا فُ ← تَخَافُ ← تَخَافُ

غَا غِي غُو	غَ غِ غُ
أَغْ	غَا غِ غْ
بَا بِي بُو	بَ بِ بُ
أَبْ	بَا بِ بْ
تَا تِي تُو	تَ تِ تُ
أَتْ	تَا تِ تْ

| غَابَة | غَابَة | غَا بَ ة |

أَجْلِسُ أَجْلِسُ أَجْلِسُ أَجْلِسُ
أَجْلِسُ أَجْلِسُ أَجْلِسُ أَجْلِسُ
أَجْلِسُ أَجْلِسُ أَجْلِسُ
أَشْهَدُ أَشْهَدُ أَشْهَدُ أَشْهَدُ
أَشْهَدُ أَشْهَدُ أَشْهَدُ أَشْهَدُ
أَشْهَدُ أَشْهَدُ أَشْهَدُ أَشْهَدُ

شَا شِي شُو	شَ شِ شُّ
أَشْ	شَّا شٍ شْ
هَا هِي هُو	هَـ هِـ هُـ
أَهْ	هَّا ﻪ ة
دَا دِي دُو	دَ دِ دُ
أَدْ	دَّا دٍ دُّ

أَشْ هَـ دُ ← أَشْهَدُ ← أَشْهِدُ

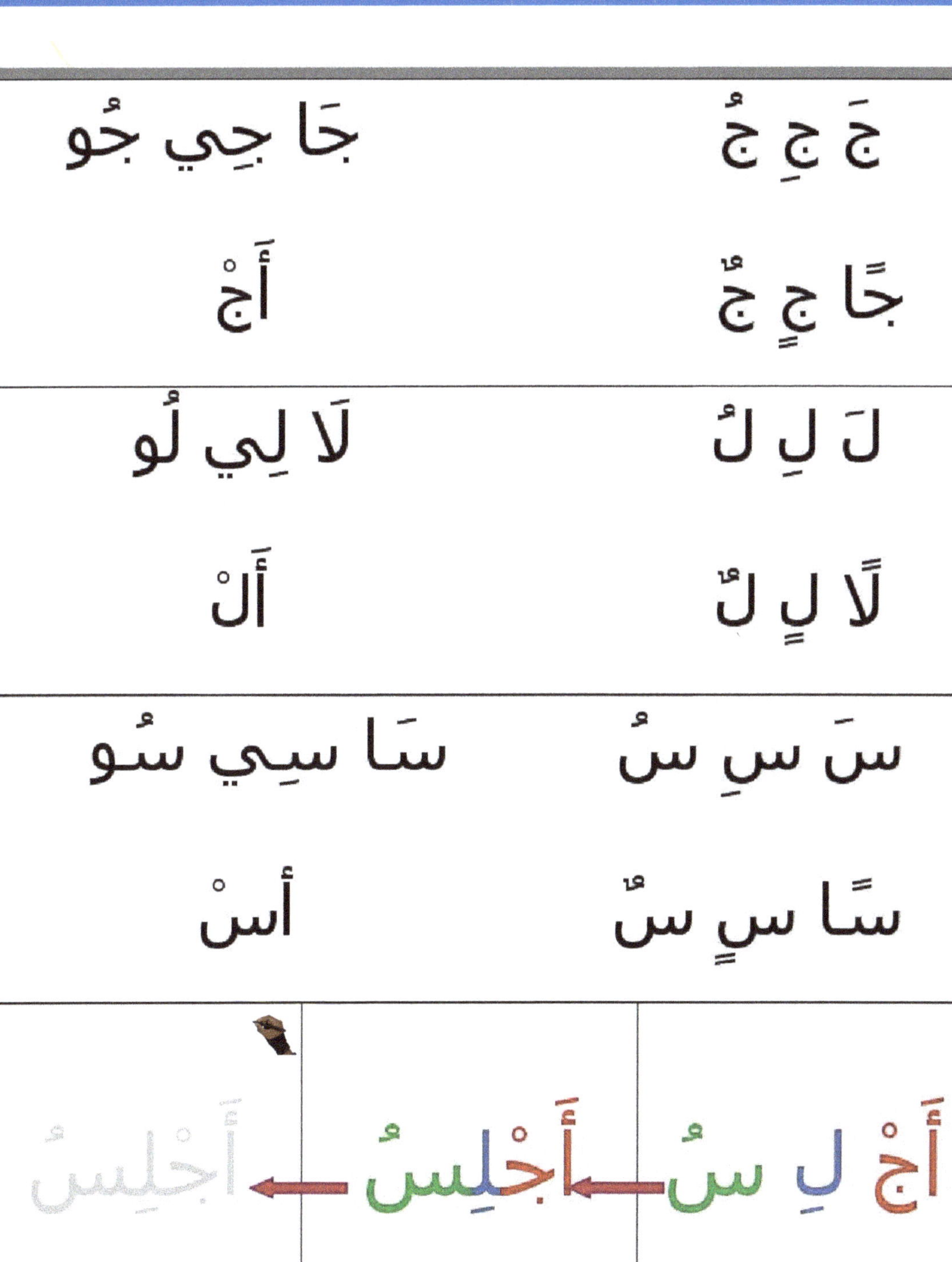

جَ جِ جُ
جَا جِي جُو
جَّ جِّ جَّ
جَّا أْج
لَ لِ لُ
لَا لِي لُو
لَّ لِّ لُّ
لَّا أَلْ
سَ سِ سُ
سَا سِي سُو
سَّ سِّ سَّ
سَّا سِّ سَّ
أَسْ
أَجْ لِ سُ أَجْلِسُ أَجْلِسُ

أَدْخُلُ أَدْخُلُ أَدْخُلُ أَدْخُلُ

أَدْخُلُ أَدْخُلُ أَدْخُلُ أَدْخُلُ

أَدْخُلُ أَدْخُلُ أَدْخُلُ أَدْخُلُ

زَبِيبٌ زَبِيبٌ زَبِيبٌ زَبِيبٌ

زَبِيبًا زَبِيبًا زَبِيبًا زَبِيبًا

زَبِيبٍ زَبِيبٍ زَبِيبٍ زَبِيبٍ

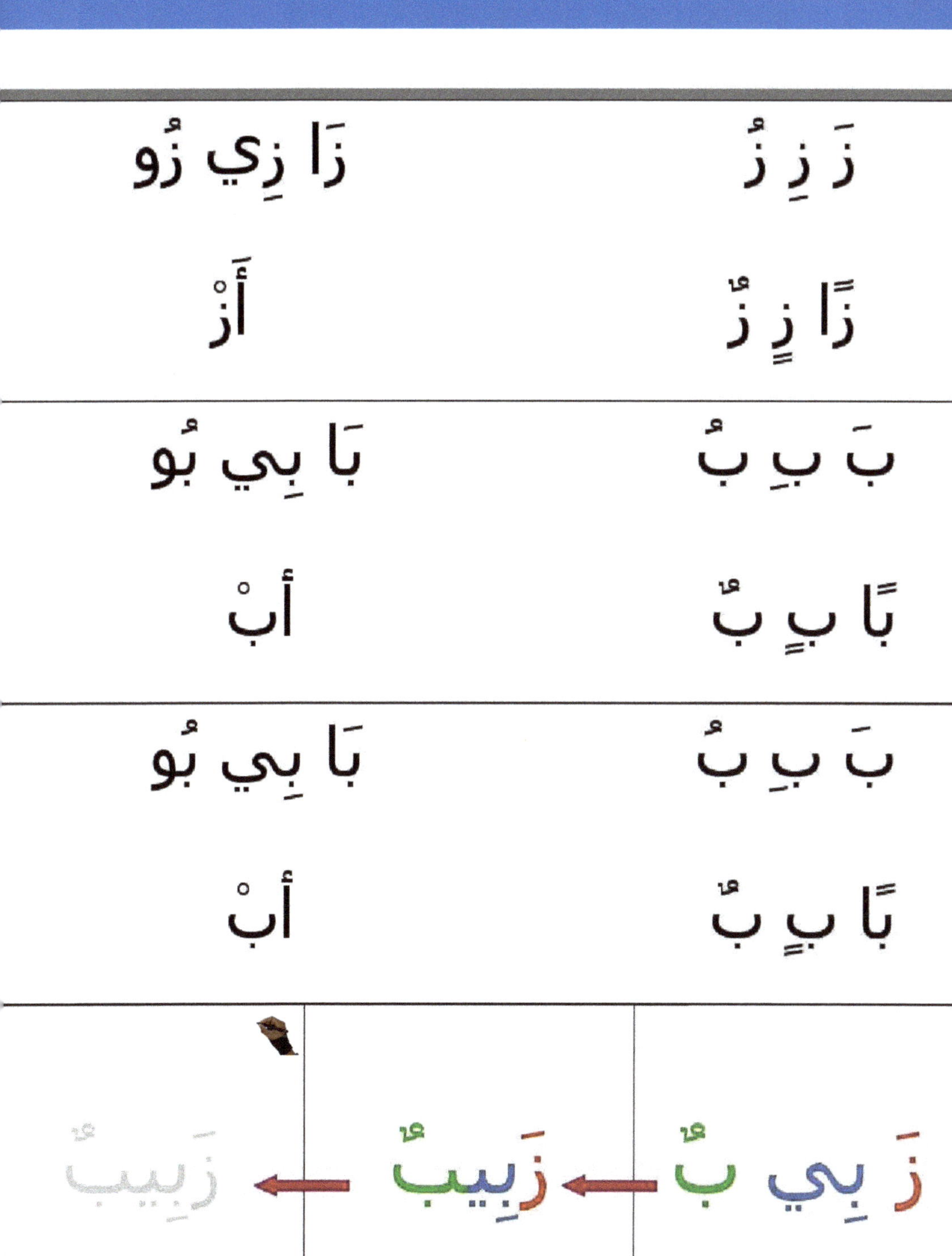

زَا زِي زُو	زَ زِ زُ
أَزْ	زَا زِ زْ
بَا بِي بُو	بَ بِ بُ
أبْ	بَا بِ بْ
بَا بِي بُو	بَ بِ بُ
أبْ	بَا بِ بْ

زَ بِي بْ ← زَبِيب ← زَبِيب

دَا دِي دُو	دَ دِ دُ
أَدْ	دَّا دِّ دُّ
خَا خِي خُو	خَ خِ خُ
أَخْ	خَّا خِّ خُّ
لَا لِي لُو	لَ لِ لُ
أَلْ	لَّا لِّ لُّ

أَدْ خُ لْ ← أَدْ خُلْ ← أَدْخُلْ

هَاتِفٌ هَاتِفٌ هَاتِفٌ

هَاتِفًا هَاتِفًا هَاتِفًا

هَاتِفٍ هَاتِفٍ هَاتِفٍ

يَمِينٌ يَمِينٌ يَمِينٌ

يَمِينًا يَمِينًا يَمِينًا

يَمِينٍ يَمِينٍ يَمِينٍ

يَا يِي يُو	يَ يِ يُّ
أَيْ	يَّا يِّ يُّ
مَا مِي مُو	مَ مِ مُّ
أَمُ	مَّا مِّ مُّ
نَا نِي نُو	نَ نِ نُّ
أَنْ	نَّا نِّ نُّ

يِّ مِي نَ	يَمِين ← نَ ـيَمِين	يَمِين

هَا هِي هُو	هَـ هِـ هُـ
أَهْ	هَا ﻪ ة
تَا تِي تُو	تَ تِ تُ
أَتْ	تَّا تِّ تُّ
فَا فِي فُو	فَ فِ فُ
أَفْ	فَّ فِّ فُّ

هَا ت فْ ← هَاتِفْ → هَاتِفْ

أَنْتُمَا أَنْتُمَا أَنْتُمَا

أَنْتُمَا أَنْتُمَا أَنْتُمَا

أَنْتُمَا أَنْتُمَا أَنْتُمَا

آكُلْ آكُلْ آكُلْ

آكُلَ آكُلَ آكُلَ

آكُلِ آكُلِ آكُلِ

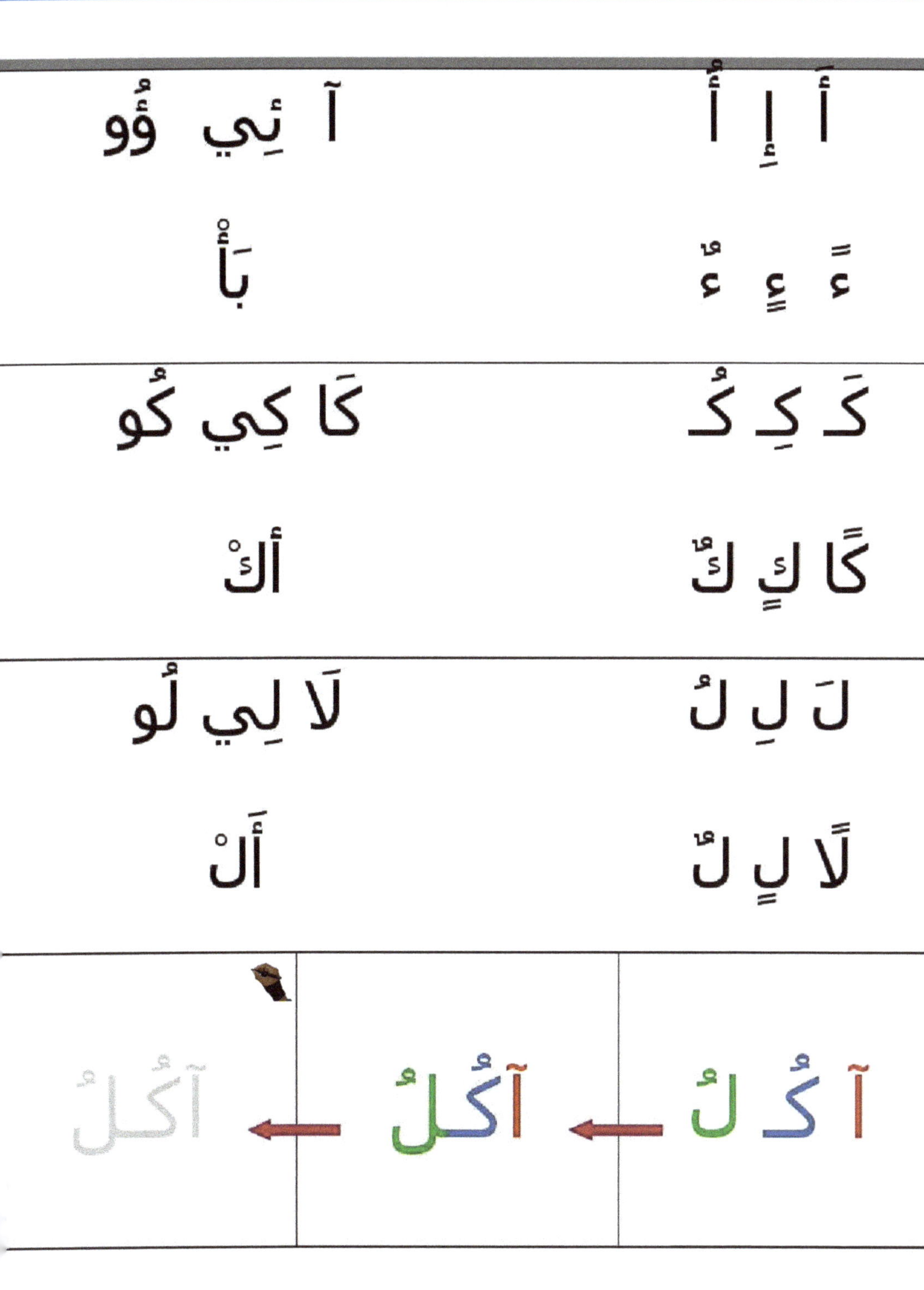

أَ إِ أُ
ءَ ءِ ءُ
آ ئِي وُو
بَاْ

كَ كِ كُ
كَا كِي كُو
كَّا كِّ كُّ
أَكْ

لَ لِ لُ
لَا لِي لُو
لَّا لِّ لُّ
أَلْ

آكُلُ ← آكُلُ ← آكُلُ
آكُلُ

أَسْتَمِعُ ثُمَّ أَضَعُ دَائِرَةً حَوْلَ ٱلْمَقْطَعِ.

نَ نِ نُ	نَا نِي نُو
نًا نٍ نٌ	أَنْ
تَ تِ تُ	تَا تِي تُو
تًا تٍ تٌ	أَتْ
مَ مِ مُ	مَا مِي مُو
مًا مٍ مٌ	أَمْ

أَنْ تُ مَا ←	أَنْتُمَا ←	أَنْتُمَا

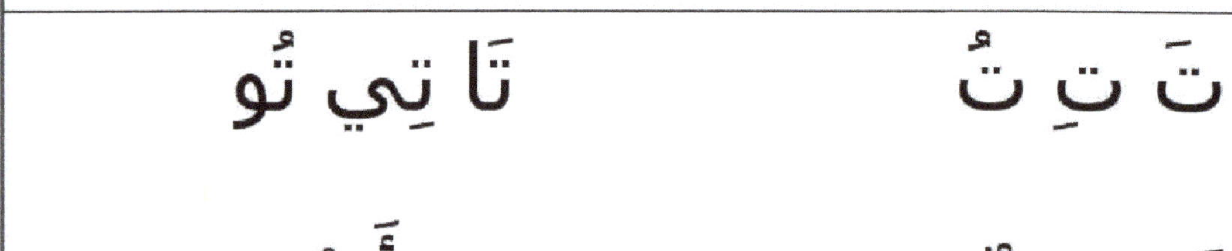

وَابِلٌ   وَابِلٌ   وَابِلٌ   وَابِلٌ

وَابِلًا   وَابِلًا   وَابِلًا   وَابِلًا

وَابِلٍ   وَابِلٍ   وَابِلٍ   وَابِلٍ

فَمٌ   فَمٌ   فَمٌ   فَمٌ

فَمًا   فَمًا   فَمًا   فَمًا

فَمٍ   فَمٍ   فَمٍ   فَمٍ

فَا فِي فُو	فَ فِ فُ
أُفْ	فَا فِ فْ
مَا مِي مُو	مَ مِ مُ
أُمْ	مَّا مِ مُّ

⭐ ⭐ ⭐

فُم	فُمْ	فَ مُّ

وَا وِي وُو	وَ وِ وُّ
أَوْ	وَّا وِ وُّ
بَا بِي بُو	بَ بِ بُّ
أَبْ	بَّا بِ بُّ
لَا لِي لُو	لَ لِ لُّ
أَلْ	لَّا لِ لُّ

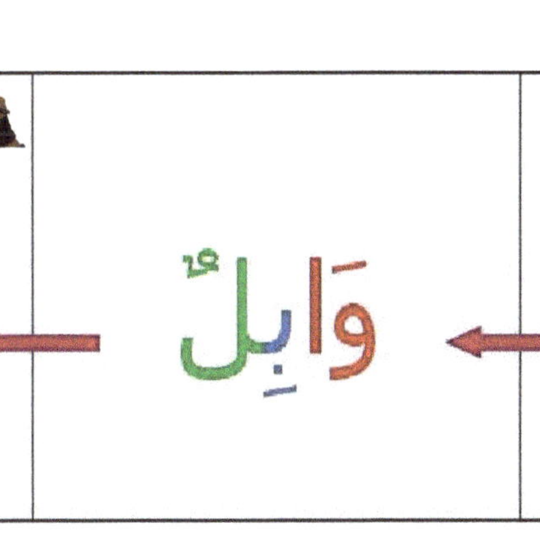

وَابِلٌ ← وَابِلٌ ← وَا بِ لٌ

مَلِكٌ مَلِكٌ مَلِكٌ مَلِكٌ

مَلِكًا مَلِكًا مَلِكًا مَلِكًا

مَلِكٍ مَلِكٍ مَلِكٍ مَلِكٍ

سَلَامٌ سَلَامٌ سَلَامٌ سَلَامٌ

سَلَامًا سَلَامًا سَلَامًا سَلَامًا

سَلَامٍ سَلَامٍ سَلَامٍ سَلَامٍ

سَا سِي سُو / أسْ	سَ سِ سُ / سَّ سِ سْ
لَا لِي لُو / أَلْ	لَ لِ لُ / لَّا لِ لُّ
مَا مِي مُو / أَمْ	مَ مِ مُ / مَّا مِ مُّ

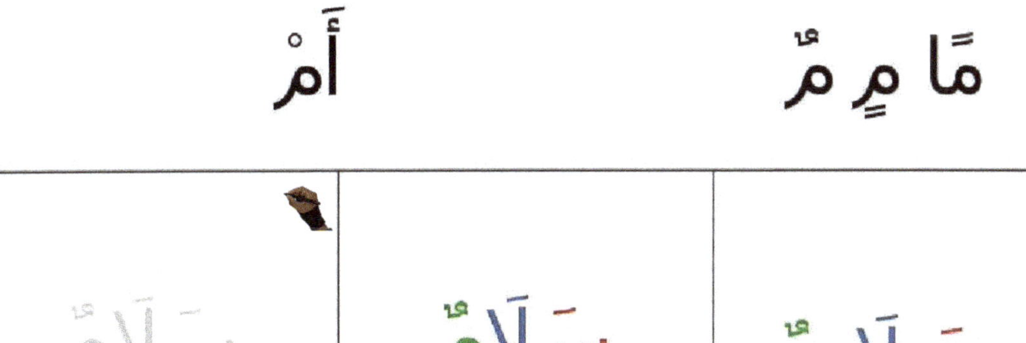

سَ لَا مٌ ← سَلَامٌ ← سَلَامٌ

أَسْتَمِعُ ثُمَّ أَضَعُ دَائِرَةً حَوْلَ ٱلْمَقْطَعِ.

مَ مِ مُ	مَا مِي مُو
مًا مٍ مٌ	أَمْ
لَ لِ لُ	لَا لِي لُو
لًا لٍ لٌ	أَلْ
كَ كِ كُ	كَا كِي كُو
كًا كٍ كٌ	أَكْ

مَ لِ كٌ ←	مَلِكٌ ←	مَلِكٌ

كِتَابٌ

كِتَابًا

كِتَابٍ

لِبَاسٌ

لِبَاسًا

لِبَاسٍ

لَا لِي لُو لَ لِ لُ	لَ لِ لُ
أَلْ لَا لْ لٌ	لَا لْ لٌ
بَا بِي بُو بَ بِ بُ	بَ بِ بُ
أَبْ بَا بْ بٌ	بَا بْ بٌ
سَا سِي سُو سَ سِ سُ	سَ سِ سُ
أَسْ سَا سْ سٌ	سَا سْ سٌ

لِ بَا سٌ ← لِبَاس ← لِبَاسٌ   لِبَاس

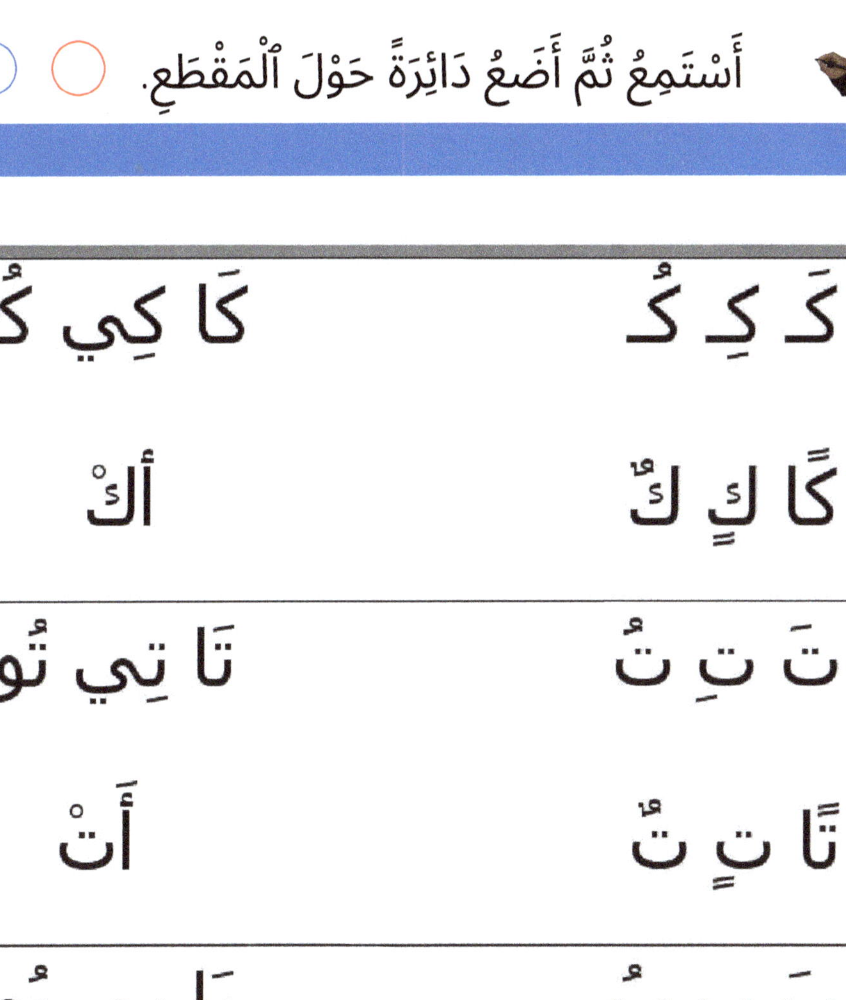

بَابٌ

بَابَا

بَاب

تُوتٌ

تُوتًا

تُوتٍ

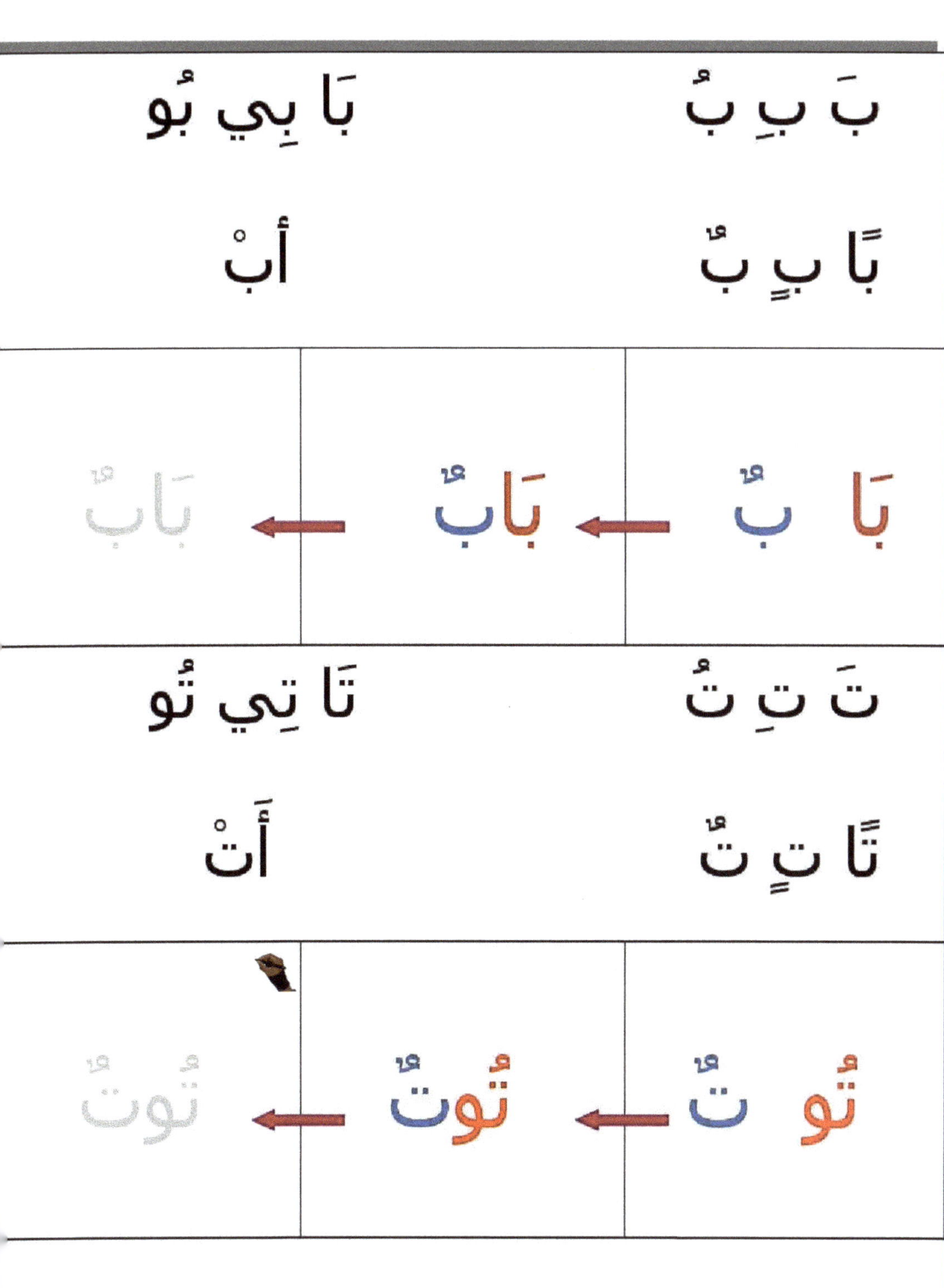
بَ بِ بُ
بَا بِي بُو
بَّ بْ بٌّ
أَبْ

بَا بْ
بَابْ
بَابْ

تَ تِ تُ
تَا تِي تُو
تَّ تْ تٌّ
أَتْ

تُو تْ
تُوتْ
تُوتْ

بسم الله الرحمن الرحيم

الحمد لله رب العالمين والصلاة والسلام على رسوله محمد وعلى آله وصحبه أجمعين. أما بعد

يسرني أن أقدم لكم كراس الخط المصاحب لكتابي لتعلم قراءة اللغة العربية المسمى :

"باب مفتوح إلى اللسان الممدوح"

أسأل الله أن يغفر لي ولأمي ولأهلي ولجميع المسلمين ,وأن ينفعني بهذا الكتاب في حياتي وبعد موتي ,وأن ينفع من قرأه ، فإنه سميع ,قريب ,مجيب الدعوات.

كتبه المذنب الفقير إلى الله ، عبد الرحمن ياكومبو لومومبا بن أنزوزي كيبندا.

Aux noms d'Allah le Tout miséricordieux, le Très miséricordieux.

Louange à Allah, le seigneur des mondes, et que la prière et le salut soit sur son messager Mohammed, ainsi que sur les siens, et l'ensemble de ses compagnons.

C'est avec un très grand plaisir que je vous présente le livre d'écriture, qui accompagne mon manuel d'apprentissage de la lecture de la langue arabe :

« **Une porte ouverte vers la langue louée** ».

Je demande à Allah de me pardonner ainsi qu'à ma mère, aux miens, et à tous les musulmans, et qu'Il fasse que ce livre me soit profitable de mon vivant et après ma mort, puis qu'il profite à celui qui le lira, car certes, Il est Audient, Proche et répond aux invocations.

Écrit par le pauvre pécheur, qui a besoin d'Allah, Abderrahman Yakaumbu Lumumba Kibinda fils de madame N'Zuzi.

بِسْمِ اللَّهِ الرَّحْمَنِ الرَّحِيمِ

بَابٌ مَفْتُوحٌ إِلَى اللِّسَانِ الْمَمْدُوحِ

تأليف

عبد الرحمن ياكومبو لومومبا كيبندا بن ياكومبو كيبندا

Dépôt légal : Mars 2022

France

ISBN : 9782957609413